Inhalt

City-Logistik - Boomender Online-Handel erfordert neue Konzepte

City-Logistik - Boomender Online-Handel erfordert neue Konzepte

Anja Schneider

Kernthesen

- Die City-Logistik will den Warenverkehr so ordnen, dass die städtischen Infrastrukturen entlastet werden.
- Der boomende Onlinehandel trägt dazu bei, dass die City-Logistik vor neuen Herausforderungen steht und als Thema wieder an Aktualität gewinnt.
- Die neuen City-Logistik-Konzepte beinhalten viele Ideen; nur ein Urban Hub als stadtnahem Zentrum, in dem Waren vorkonsolidiert werden, reicht längst nicht

aus.

- City-Logistik-Konzepte werden nur erfolgreich sein, wenn Transportunternehmen, Versender und Empfänger kooperieren und von gewohnten Prozessen abweichen.

Beitrag

Renaissance der City-Logistik

Die City-Logistik beschäftigt sich damit, wie Menschen in einer Stadt oder einem Ballungsgebiet bedarfsgerecht, schnell, umweltverträglich und effizient versorgt werden können, wie der Warenverkehr organisiert werden kann, so dass die städtische Infrastruktur nachhaltig entlastet wird.

Das Thema ist keineswegs neu. Es boomte schon in den 90er-Jahren. Damals stellten zahlreiche Dienstleister, Händler oder Kommunen City-Logistik-Projekte auf die Beine. Doch die wenigsten waren erfolgreich. Eingestellt wurden Projekte in Stuttgart, Berlin, Hamburg, Augsburg und Ende 2012 auch die RegLog-Initiative in Regensburg. Als Hauptgründe für das Scheitern gelten zum einen die Kosten, die nicht gegebene Rentabilität und zum anderen das mangelnde Vertrauen der Transporteure untereinander. Die City-Logistik verschwand aus dem Fokus. Nun wird sie wieder aktuell, wird sogar als wichtiges Zukunftsthema beschrieben, das jetzt angepackt werden müsse - von City-Logistik 2.0 ist zu lesen. (1), (2), (3)

Auch wenn Skeptiker einwenden, dass Handelsketten heutzutage bereits Verteilzentren außerhalb der Innenstädte, optimierte Logistiksysteme und Konzepte zur Filialbelieferung haben und die Kurier-, Express- und Paketdienstleister (Kep-Dienste) eine Bündelungsfunktion übernehmen und zunehmend den mittelständischen Handel versorgen, mehren sich die Stimmen, die einen neuen Anlauf in der City-Logistik für notwendig halten. (2), (4)

Die Citylogistik war ein Kernthema der letzten Jahreskonferenz der Logistik-Initiative Hamburg. Die Fraunhofer-Arbeitsgruppe für Supply Chain Services ist der Ansicht, dass sich City-Logistik-Konzepte nur bedingt rechnen und die Rentabilität weiter fraglich bleibt. Dennoch ist sie notwendig, denn der Handlungsdruck steigt, weil zum Beispiel der innerstädtische Raum immer enger wird. Die Fraunhofer-Experten haben vor kurzem 46 Citylogistik-Projekte in Europa analysiert. Die Studie "Citylogistik - Bestandsaufnahme relevanter Projekte des nachhaltigen Wirtschaftsverkehrs in Zentraleuropa" zeigt die aktuellen

Herausforderungen des urbanen Wirtschaftsverkehrs, analysiert relevante Megatrends und skizziert mögliche Maßnahmen. Unter der Federführung des Fraunhofer IML startete letztes Jahr das Projekt "Urban Retail Logistics", das allerdings noch in der Konzeptphase ist. Und City-Logistik hat immerhin so viel Relevanz und Brisanz, dass die Zeitschrift LOGISTIK HEUTE sie zum Gegenstand ihres diesjährigen April-Scherzes machte und den Lesern einen Urban Hub an der Münchner Theresienwiese neben der Bavaria in Aussicht stellte. Freilich nur ein Scherz, doch ihr Anliegen war es, auf fehlende Logistikflächen und City-Logistik-Konzepte in deutschen Metropolen hinzuweisen. (1), (5), (6)

Ideen und Bestandteile einer neuen City-Logistik

Urban Hub: Das ist ein citynahes Konsolidierungszentrum, in dem die Ladungen konsolidiert und dann in die Stadt verteilt werden. Er hat eine perfekte Infrastruktur und gewährleistet den Warenumschlag besonders schnell und zu annehmbaren Kosten. (6)

Mischzonen für Logistik: Eine französische Wissenschaftlerin schlägt vor, Erdgeschosse oder die ersten Stockwerke eines Gebäudes in der Innenstadt für Logistikdienstleistungen zu öffnen. In Paris gebe es solche "urban logistics spaces" beispielsweise in einer Tiefgarage unweit des Louvre. Sie empfiehlt Mischzonen in Gebäuden für die Logistik einzurichten. (7)

Mehrwertdienste: Ein citynaher Hub reicht heutzutage nicht. Mehr Aussicht auf Erfolg habe es nach Einschätzung von Experten, wenn der Betreiber den Einzelhändlern zusätzliche Dienstleistungen wie Vorkommissionierung, Preisauszeichnung oder Vormontagen anbieten würde. Er könne Abfallentsorgung anbieten oder bei der Auswertung von Lieferdaten unterstützen. Mit solchen Mehrwertdiensten würde der Einzelhändler auch bereitwilliger etwas höhere Kosten pro Palette oder Rollcontainer bezahlen. (1), (8)

Kooperationen: Als ganz wichtiger Bestandteil einer modernen City-Logistik gelten das Zusammenarbeiten der Logistikdienstleister im Team und die Bildung von Bündnissen. Das war ein Trendthema auf der Messe Transport Logistic in München. Beispiele gibt es im Bereich der Lebensmittellogistik, Fashion-Logistik und der Chemie-Logistik. (9)

Verkehrsmittel: In der City-Logistik können ganz unterschiedliche Verkehrsmittel eine Rolle spielen. Ganz wichtig könnten Elektroautos bzw. Elektrotransporter für die Spediteure werden. Doch es gibt auch kreative Ideen, wie beispielsweise elektrisch angetriebene Lastenfahrräder, Elektrofahrräder, handgezogene Trolleys und Mopeds in Paris, unterirdische Güter-Straßenbahnen à la Dresden. (7), (10)

Geräuscharme Nachtlogistik: Nachgedacht wird über Anforderungen und technische Möglichkeiten einer nächtlichen Belieferung des innerstädtischen Handels. Moskau zieht schon eine nächtliche Nutzung der Metro für die Belieferung von McDonalds-Filialen in Erwägung. (6)

Mobile Wareneingangszellen: Dieses Konzept setzt auf ein Wechselbehältersystem, das beladen mit handelsüblichen Ladungsträgern (zum Beispiel Palette, Rollcontainer) als eine Einheit im 1:1-Tausch an einer Filiale bereitgestellt wird. Durch ein solches System könnten Restriktionen der Innenstadtbelieferung umgangen werden, Markt- und Anlieferprozesse würden entkoppelt, eine nächtliche Anlieferung wegen geräuscharmer Bereitstellung ermöglicht und die Filiallogistik entzerrt. (6)

Konzepte zur Belieferung mit regionalen Lebensmitteln: Sie setzen auf einen Urban Hub, an den regionale Lieferanten liefern und sich so einen Markt in unmittelbarer Nähe schaffen könnten. Das würde Transportwege verkürzen und Ressourcen (z.B. für Kühlung) schonen. (6)

Last-Mile-Lösungen: Die Konzepte der Paketdienstleister im B2C-Geschäft, die die Auslieferung auf der so genannten Letzten Meile verbessern sollen, tangieren die City-Logistik. Abholung am Arbeitsplatz, Paketshops, Packstationen, Botensysteme, Nachbarschaftsorganisationen, Kommunikation per Internet, Zustellzeitfenster etc. sollen für Entlastung bei der Zustellung sorgen. (11)

Günstiges regulatorisches Umfeld: City-Logistik braucht Stadtverwaltungen, die ihr gewogen sind. Das zeigt sich beispielsweise darin, dass sie unkompliziert Flächen für Hubs zur Verfügung stellen oder teilnehmenden Transportdienstleistern Sonderzugangsrechte gewähren, kommunale Lösungen für Haltezonen und Durchfahrtserlaubnisse finden. (8)

Der ökonomische Nutzen

Die Unternehmensberatung Oliver Wyman hat das Potenzial der City-Logistik ausgerechnet und kam zu dem Ergebnis, dass der Verkehr auf Hauptstraßen um 30 bis 40 Prozent schneller fließen könnte, wenn die Güter vor den Toren der Stadt konsolidiert würden. Die Berater haben verglichen: Um das Fahrtempo in der Innenstadt um einen Kilometer pro Stunde zu erhöhen, sind 1,9 Millionen Euro Investitionen in neue

Straßen notwendig. Wird dagegen ein Konsolidierungszentrum gebaut und betrieben, lässt sich der gleiche Effekt mit nur 0,4 Millionen Euro erzielen. (1)

Ein globales Thema

Die City-Logistik ist kein deutsches Thema, sondern ein globales. In diversen Städten gibt es Konzepte, aus denen die deutschen Experten lernen können. In Frankreich, den Niederlanden oder in Großbritannien scheinen City-Logistik-Konzepte schon besser zu funktionieren. Beispielsweise wird der niederländische Binnenstadservice als auch für Deutschland attraktives City-Logistik-Modell bewertet. Die Deutsche Post DHL berät zwei chinesische Städte bei der Einführung von Citylogistik. (2), (8)

Trends

Welche Entwicklungen treiben die City-Logistik?

Gesetzliche Restriktionen: Bereits 2011 hat die EU

das Ziel ausgerufen, den Verkehr in Innenstädten bis 2030 emissionsfrei abzuwickeln. Die städtischen Behörden haben die Themen rund um Emissionsschutz, Feinstaub, CO_2-Ausstoß, Lärmschutz oder gar City-Maut zunehmend weiter oben auf der Agenda.

B2C: Der boomende Online-Handel mit seinen rasch ansteigenden Volumina stellt neue Anforderungen an die Versorgung von Innenstädten. Die Versorgung der so genannten Letzten Meile (Last Mile) bringt dabei besondere Herausforderungen für die Kurier-, Express- und Paketdienstleister (Kep-Dienste) mit sich. Durch zahlreiche Retouren und nicht angetroffene Empfänger schnellen die Kosten in die Höhe.

B2B: Das Business-to-Business-Volumen entwickelt sich zwar nicht so stark wie B2C, stagniert eher, dennoch ist die Belieferung des Einzelhandels in den Citylagen zunehmend gefordert. Es gibt festgeschriebene Lieferzeitfenster, Fußgängerzonen, historische Stadtkerne mit engen Gassen und Einbahnstraßen, weniger Platz für Be- und Entladung und natürlich Staus in den Zufahrten und Straßen von Großstädten und Ballungszentren.

Lkw-Verkehr: 2015 werden laut einer aktuellen Studie der Unternehmensberatung Oliver Wyman in den weltweit 800 größten Ballungsgebieten täglich drei Millionen Lkw unterwegs sein und mehr als 200

Millionen Tonnenkilometer absolvieren, um Waren auszuliefern.

Verstädterung: Weltweit nimmt der Anteil der Menschen, die in Städten wohnen, zu. Vor allem ältere Menschen zieht es in die Städte; auf eine gute Einzelhandelsversorgung in unmittelbarer Umgebung legen sie Wert. Beispiel: In Berlin wird bis 2030 die Zahl der 65- bis 80-Jährigen um 14 Prozent zunehmen, die der über 80-Jährigen sogar um 80 Prozent (Quelle: Senatsverwaltung für Stadtentwicklung und Umwelt). Die WHO rechnet langfristig damit, dass 80 Prozent der Einwohner der DACH-Region (Deutschland, Österreich, Schweiz) in Städten leben werden.

Teure Mieten: Die Mieten in vielen Großstädten steigen. Das betrifft auch den Einzelhandel. Er verkleinert die Ladenflächen und Lagerflächen, das erfordert eine häufigere Belieferung mit Waren.

Klamme kommunale Kassen: Der Ausbau der Verkehrsinfrastruktur kostet viel Geld, das die Kommunen oft nicht mehr haben. City-Logistik soll für einen besseren Verkehrsfluss ohne Investitionen sorgen.

Zeitanspruch: Die Ansprüche der Menschen an eine schnelle Belieferung steigen. Gerade im Web bestellt, soll die Ware am liebsten schon gleich vor der Tür stehen. In der Tat verstärkt sich der Trend zur Same-

Day-Lieferung.

Bessere Technik: Internetportale und intelligente Routenplaner vereinfachen heutzutage die für die City-Logistik erforderliche Abstimmung zwischen Transportunternehmen, Versendern und Empfängern. (1), (6)

Fallbeispiele

Als eventuell für deutsche Städte nachahmenswert gilt der niederländische "**Binnenstadservice**", ein Konzept, das im April 2008 im niederländischen Nijmegen startete und aktuell mit Einzelhändlern und öffentlichen Einrichtungen (Schulen, Rathäuser) in zwölf Städten des Landes in einem Franchise-System umgesetzt wird. Dabei werden Lieferungen verschiedener Anbieter für einen Kunden im Logistikzentrum rund anderthalb Kilometer außerhalb der Stadt zusammengefasst. Mit Erdgas- oder stromgetriebenen Fahrzeugen sowie Elektro-Güterfahrrädern werden die Sendungen an die Innenstadt-Adressen geliefert. Verpackungen aus Kunststoff und Karton transportieren die Fahrer gleich wieder ab. Das Besondere daran ist, dass nicht die Transportunternehmen, sondern die Empfänger integriert werden. Es ist interessant für kleinere, unabhängige innerstädtische Unternehmen ohne eigene Versorgungskette. Bereits nach einem Jahr nutzten in Nijmegen 98 Einzelhändler den Service. Damit konnte BSS nach einer Starthilfe aus dem EU-Projekt Last Mile Logistics (LaMiLo) ab April 2009 ohne weitere Zuschüsse arbeiten. Partner in Belgien und Dänemark machen mit. (2), (12)

Mars und Ferrero haben 2009 ihre Auslieferung zusammengelegt und konnten ihre Lager- und Transportkosten um 20 Prozent senken. Auch **Unilever und Danone** kooperieren bei der Belieferung des Handels, ebenso die Spirituosenhersteller **Underberg und Hardenberg** in Berlin. (2)

In Hamburg-Altona errichtet **Ikea** gerade sein erstes Innenstadt-Kaufhaus in einer Fußgängerzone. Den Kunden sollen Lastenfahrräder für Pakete bis zu 300 kg oder Autos mit Anhängern zur Miete angeboten werden, damit sie ihre Einkäufe nach Hause transportieren können. (12)

Das **Fraunhofer IML** arbeitet bei seinem City-Logistik-Projekt mit Rewe, dem Rewe-Fruchthändler Doego, Lekkerland, Metro und Landgard zusammen. Zudem sind noch GS1 Germany und Capgemini als IT- und Datenpartner dabei. (3)

Beendet wurde die **RegLog-Initiative Regensburg**. 14 Jahre lang hatten die hellblauen Fahrzeuge der Citylogistik-Initiative 28 Einzelhändler in der Altstadt beliefert. Fünf lokale Speditionen hatten die

13

Warenströme gebündelt und dafür gesorgt, dass jeder Laden nur einmal täglich beliefert werden musste. Das Projekt rechnete sich nicht. (1)

Die **Deutsche Post DHL** will ab 2016 in Bonn ein Pilotprojekt starten und nur noch Zustellfahrzeuge mit Elektromotor einsetzen. (1)

Weiterführende Literatur

(1) Citylogistik 2.0 - der zweite Anlauf
aus Verkehrs Rundschau, Heft 23/2013, S. 30

(2) "Citylogistik-Konzepte sind bisher nicht rentabel"
aus DVZ, Nr. 12 vom 08.02.2013

(3) Schwierige Wiedergeburt
aus DVZ, Nr. BLEB vom 05.02.2013

(4) Kein Bedarf an Citylogistik 2.0
aus DVZ, Nr. 40 vom 17.05.2013

(5) Rentabilität der Citylogistik ist weiter fraglich
aus DVZ-Brief Nr. 06 vom 07. Februar 2013

(6) Auf neuen Wegen
aus LOGISTIK HEUTE, Heft 05/2013, S. 26-31

(7) Lastenfahrräder könnten in der Citylogistik künftig eine entscheidende Rolle spielen.
aus KEP-Nachrichten Nr. 27 vom 04. Juli 2013

(8) Städte sollten Transporteuren
Sonderzugangsrechte gewähren
aus Verkehrs Rundschau, Heft 23/2013, S. 32

(9) Der Teamgedanke rückt nach vorne
aus Verkehrs Rundschau, Heft 24/2013, S. 20

(10) Opel schließt technisch auf
aus DVZ, Nr. 54 vom 05.07.2013

(11) Die teure letzte Meile
aus Verkehrs Rundschau, Heft 20/2013, S. 33

(12) Innenstädte brauchen neue Ideen
aus DVZ, Nr. 49 vom 18.06.2013

Impressum

City-Logistik - Boomender Online-Handel erfordert neue Konzepte

Bibliografische Information der deutschen Nationalbibliothek

Die Deutsche Nationalbibliothek verzeichnet diese Publikation in der deutschen Nationalbibliografie; detaillierte bibliografische Daten sind im Internet über http://dnb.d-nb.de abrufbar.

ISBN: 978-3-7379-1141-2

© 2015 GBI-Genios Deutsche Wirtschaftsdatenbank GmbH, Freischützstraße 96, 81927 München, www.genios.de

Vervielfältigungen (Fotokopie/Mikroskopie), Übersetzungen, Auswertungen durch Datenbanken oder ähnliche Einrichtungen und die Einspeicherung und Verarbeitung in elektronischen Systemen.